AF484839

In Dreamland: Bilingual German-English Stories for German Language Learners

Pomme Bilingual

Published by Pomme Bilingual, 2024.

While every precaution has been taken in the preparation of this book, the publisher assumes no responsibility for errors or omissions, or for damages resulting from the use of the information contained herein.

IN DREAMLAND: BILINGUAL GERMAN-ENGLISH STORIES FOR GERMAN LANGUAGE LEARNERS

First edition. October 10, 2024.

Copyright © 2024 Pomme Bilingual.

ISBN: 979-8227229472

Written by Pomme Bilingual.

Table of Contents

Der verlorene Schlüssel

Im kleinen Dorf Wiesenbach, versteckt zwischen grünen Hügeln und blühenden Feldern, versammelte sich die wohlhabende Familie von Hauser zu einem seltenen Familientreffen. Das alte Gutshaus, in dem das Treffen stattfand, war seit Generationen im Besitz der Familie und hütete viele Geschichten – und Geheimnisse.

An diesem Abend drehte sich alles um das kostbare Familienerbstück: einen goldenen Schlüssel, der seit Jahrhunderten von einer Generation zur nächsten weitergegeben wurde. Der Schlüssel, so sagte man, öffnete eine Truhe voller Geheimnisse, aber niemand wusste, wo diese Truhe war. Der Schlüssel war jedoch von unschätzbarem Wert, und seine Bedeutung für die Familie war unbestritten.

Die Feierlichkeiten waren in vollem Gange, als plötzlich ein Schrei die festliche Stimmung durchbrach. Frau von Hauser, die Matriarchin der Familie, stürmte in den Raum, die Hände vor Schock an den Mund gepresst.

„Der Schlüssel! Er ist verschwunden!"

Die Gäste verstummten. Jeder war überrascht und gleichzeitig neugierig. Doch unter der Oberfläche begann sich Misstrauen zu regen. Wer von den Anwesenden hätte den Schlüssel nehmen wollen? War es ein Familienmitglied, oder hatte ein Außenstehender das wertvolle Erbstück gestohlen?

Inmitten der Verwirrung trat Anna Müller, eine entfernte Verwandte und Hobbydetektivin, vor. Sie war von ruhigem und scharfem Geist und nutzte jede Gelegenheit, um ihre Fähigkeiten zu beweisen.

„Ich werde herausfinden, wer den Schlüssel genommen hat," sagte Anna selbstbewusst. „Aber ich werde dafür die Hilfe von allen Anwesenden brauchen."

Zunächst begann sie mit den Befragungen. Jeder Gast musste berichten, was er oder sie während des Abends getan hatte. Einige waren in der Bibliothek gewesen, andere hatten sich im Salon unterhalten. Niemand schien jedoch zur Tatzeit im Zimmer mit dem Schlüssel gewesen zu sein.

Anna bemerkte bald, dass die Antworten der Gäste einige Ungereimtheiten aufwiesen. Herr von Hauser, der älteste Sohn, behauptete, er habe sich mit seinem Onkel Karl unterhalten, doch der Onkel war überzeugt, dass Herr von Hauser währenddessen nicht in der Nähe war. Dann war da noch die nervöse Haushälterin, die zu betonen schien, dass sie den Raum niemals allein betreten hätte.

Nach und nach entwirrte Anna die komplexen Beziehungen und versteckten Motive der Familienmitglieder. Es stellte sich heraus, dass der goldene Schlüssel mehr als nur ein Symbol war – er war auch ein Zugang zu einem versteckten Erbe, von dem nur wenige wussten. Die Erben standen auf dem Spiel, und es gab mehr als genug Grund, den Schlüssel an sich zu reißen.

Schließlich kam der Moment der Wahrheit. Anna versammelte die Familie im großen Salon. Mit leiser, aber entschlossener Stimme enthüllte sie, wer den Schlüssel genommen hatte.

„Es war nicht aus Habgier," begann sie. „Es war aus Verzweiflung. Die Person, die den Schlüssel gestohlen hat, hatte Angst vor dem, was enthüllt werden könnte."

Sie wandte sich an Herrn von Hauser.

„Sie haben den Schlüssel genommen, um ein Familiengeheimnis zu bewahren, das Sie Ihr ganzes Leben lang gehütet haben."

Herr von Hauser stand da, blass und zitternd. Schließlich nickte er. „Ja,“ sagte er leise. „Ich habe es getan. Ich wollte verhindern, dass die Wahrheit ans Licht kommt.“

Die Familie war schockiert. Der goldene Schlüssel war nicht nur ein Symbol für ihre Vergangenheit – er war auch das Tor zu einer lange verborgenen Geschichte von Betrug und Verrat.

The Lost Key

In the small village of Wiesenbach, nestled between green hills and blooming fields, the wealthy von Hauser family gathered for a rare family reunion. The old manor house, where the meeting took place, had been in the family for generations, holding many stories—and secrets.

That evening, everything revolved around the precious family heirloom: a golden key that had been passed down from one generation to the next for centuries. The key, it was said, opened a chest full of secrets, but no one knew where that chest was. Nevertheless, the key was invaluable, and its significance to the family was undisputed.

The festivities were in full swing when a sudden scream shattered the celebratory mood. Frau von Hauser, the family matriarch, rushed into the room, her hands covering her mouth in shock.

"The key! It's gone!"

The guests fell silent. Everyone was surprised, yet curiosity flickered in their eyes. But beneath the surface, suspicion began to stir. Who among them would want to take the key? Was it a family member, or had an outsider stolen the valuable heirloom?

Amid the confusion, Anna Müller, a distant relative and amateur detective, stepped forward. She had a calm and sharp mind and used every opportunity to test her skills.

"I will find out who took the key," Anna said confidently. "But I'll need the help of everyone here."

She began by interviewing the guests. Each person had to report what they had been doing throughout the evening. Some had been in the library, others chatting in the drawing room. But no one seemed to have been in the room where the key was at the time of the theft.

Anna quickly noticed that some of the guests' answers didn't quite add up. Herr von Hauser, the eldest son, claimed to have been speaking with his uncle Karl, but the uncle insisted that Herr von Hauser hadn't been near him at the time. Then there was the nervous housekeeper, who seemed to stress that she had never entered the room alone.

Slowly, Anna unraveled the complex relationships and hidden motives of the family members. It turned out that the golden key was more than just a symbol—it was also access to a hidden inheritance that only a few knew about. The stakes were high, and there was more than enough reason for someone to steal the key.

Finally, the moment of truth arrived. Anna gathered the family in the grand drawing room. With a quiet but determined voice, she revealed who had taken the key.

"It wasn't out of greed," she began. "It was out of desperation. The person who stole the key was afraid of what might be revealed."

She turned to Herr von Hauser.

"You took the key to protect a family secret that you have kept your whole life."

Herr von Hauser stood there, pale and trembling. Finally, he nodded. "Yes," he said quietly. "I did. I wanted to prevent the truth from coming out."

The family was shocked. The golden key was not just a symbol of their past—it was also the gateway to a long-hidden story of betrayal and deceit.

Im Traumland

Es war einmal ein kleines Mädchen namens Lena, das in einem bescheidenen Dorf am Rande eines großen Waldes lebte. Lena war ein träumerisches Kind, das oft stundenlang aus dem Fenster schaute und sich wunderbare Geschichten ausdachte. Ihre Eltern machten sich manchmal Sorgen, dass sie zu viel träumte und zu wenig auf die Welt um sie herum achtete. Doch Lena wusste, dass ihre Träume etwas Besonderes waren.

Eines Nachts, als der Mond hell am Himmel stand und der Wind leise durch die Bäume flüsterte, fiel Lena in einen tiefen Schlaf. Doch dieser Schlaf war anders als sonst. Sie fand sich plötzlich in einem fremden Land wieder – einem Land voller Farben und Magie.

Vor ihr erstreckte sich eine Wiese, die in den schönsten Farben leuchtete. Bäume, die bis in den Himmel ragten, schimmerten in Blau und Gold, und in der Luft schwebten kleine, funkelnde Lichter wie Sterne. Lena staunte und wusste sofort, dass sie in einem Traum war – aber es fühlte sich so echt an, als wäre sie tatsächlich dort.

Plötzlich hörte sie eine sanfte Stimme hinter sich. „Willkommen im Traumland, Lena."

Lena drehte sich um und sah ein kleines Wesen vor sich. Es war etwa so groß wie ein Hase, hatte aber die Flügel eines Schmetterlings und Augen, die wie funkelnde Edelsteine strahlten.

„Ich bin Liora," sagte das Wesen. „Ich bin hier, um dich durch das Traumland zu führen. Du wirst hier viele Dinge lernen, aber der wichtigste Weg führt zu deinem eigenen Herzen."

Lena war neugierig, aber auch ein wenig ängstlich. „Was werde ich lernen?" fragte sie vorsichtig.

Liora lächelte. „Du wirst den Mut finden, den du in dir trägst, und die wahre Bedeutung von Freundschaft entdecken. Doch der Weg wird nicht immer einfach sein."

Gemeinsam begaben sie sich auf eine Reise durch das Traumland. Auf ihrem Weg begegneten sie vielen seltsamen und wundervollen Kreaturen. Sie trafen sprechende Tiere, die ihnen Ratschläge gaben, und freundliche Bäume, die Geschichten aus fernen Ländern erzählten. Doch nicht alles war so friedlich, wie es schien.

Eines Tages stießen Lena und Liora auf eine Brücke, die über einen tiefen, dunklen Fluss führte. Am anderen Ende der Brücke stand ein riesiger, furchteinflößender Drache. Seine Schuppen glänzten schwarz wie die Nacht, und seine Augen funkelten böse.

„Um weiterzukommen, musst du dem Drachen gegenübertreten," sagte Liora ruhig. „Doch fürchte dich nicht – Mut ist nicht, keine Angst zu haben, sondern trotz der Angst weiterzumachen."

Lena spürte, wie ihr Herz schneller schlug. Sie hatte noch nie einem Drachen gegenübergestanden. Doch sie erinnerte sich an Lioras Worte und atmete tief ein.

Mit zitternden Knien ging sie auf den Drachen zu. „Ich fürchte mich vor dir," sagte sie ehrlich. „Aber ich werde dich nicht aufhalten lassen."

Der Drache sah sie lange an, bevor er leise lachte. „Du hast mehr Mut, als du glaubst, kleines Mädchen," sagte er, bevor er sich zurückzog und den Weg freigab.

Lena und Liora überquerten die Brücke, und Lena spürte, wie etwas in ihr gewachsen war. Sie hatte ihre Angst überwunden und war stärker geworden.

Am Ende ihrer Reise kam Lena zu einem großen, goldenen Tor. „Dies ist das Ende deiner Reise im Traumland," sagte Liora. „Aber die Lektionen, die du gelernt hast, werden dich auch in der wachen Welt begleiten."

Lena trat durch das Tor und erwachte. Sie lag in ihrem Bett, doch etwas war anders. Sie fühlte sich mutiger und selbstbewusster als je zuvor. Die Magie des Traumlands hatte einen bleibenden Eindruck hinterlassen.

In Dreamland

Once upon a time, there was a little girl named Lena who lived in a humble village on the edge of a great forest. Lena was a dreamy child, often staring out the window for hours, imagining wonderful stories. Her parents sometimes worried that she dreamt too much and didn't pay enough attention to the world around her. But Lena knew that her dreams were something special.

One night, when the moon shone bright in the sky and the wind whispered softly through the trees, Lena fell into a deep sleep. But this sleep was different from usual. She suddenly found herself in a strange land—a land full of colors and magic.

Before her stretched a meadow glowing with the most beautiful hues. Trees towering into the sky shimmered in blue and gold, and small, sparkling lights floated in the air like stars. Lena was amazed and immediately knew she was in a dream—but it felt so real, as if she were truly there.

Suddenly, she heard a gentle voice behind her. "Welcome to Dreamland, Lena."

Lena turned around and saw a small creature standing before her. It was about the size of a rabbit but had the wings of a butterfly and eyes that shone like sparkling gems.

"I am Liora," the creature said. "I'm here to guide you through Dreamland. You will learn many things here, but the most important path leads to your own heart."

Lena was curious but also a little scared. "What will I learn?" she asked cautiously.

Liora smiled. "You will find the courage you carry within you and discover the true meaning of friendship. But the path won't always be easy."

Together, they embarked on a journey through Dreamland. Along the way, they encountered many strange and wonderful creatures. They met talking animals that gave them advice and friendly trees that told stories of distant lands. But not everything was as peaceful as it seemed.

One day, Lena and Liora came upon a bridge that crossed a deep, dark river. At the other end of the bridge stood a gigantic, fearsome dragon. Its scales gleamed as black as night, and its eyes sparkled with malice.

"To move forward, you must face the dragon," Liora said calmly. "But do not be afraid—courage is not about having no fear, but about moving forward despite the fear."

Lena felt her heart race. She had never faced a dragon before. But she remembered Liora's words and took a deep breath.

With trembling knees, she walked toward the dragon. "I am afraid of you," she said honestly. "But I will not let you stop me."

The dragon stared at her for a long moment before quietly laughing. "You have more courage than you think, little girl," it said, before stepping aside to let her pass.

Lena and Liora crossed the bridge, and Lena felt something growing inside her. She had conquered her fear and had become stronger.

At the end of their journey, Lena arrived at a great, golden gate. "This is the end of your journey in Dreamland," Liora said. "But the lessons you have learned will stay with you in the waking world."

Lena stepped through the gate and awoke. She was lying in her bed, but something was different. She felt braver and more confident than ever before. The magic of Dreamland had left a lasting impression on her.

13

Die Farben des Lebens

A m frühen Morgen, als das Licht sanft durch das Atelierfenster fiel, stand Clara vor ihrer Leinwand. Ihre Pinsel ruhten wie schlafende Vögel in einem Glas Wasser, das sich leicht durch die Pigmente der Farben verfärbte. Auf der weißen, unberührten Leinwand lag eine Welt unendlicher Möglichkeiten, doch in Claras Herz herrschte ein sanftes Flüstern von Erinnerungen.

Sie griff nach dem Pinsel, tauchte ihn in das satte Blau, das sie an den Himmel eines Sommermorgens erinnerte. Ein Lächeln umspielte ihre Lippen, als sie den ersten Strich auf die Leinwand setzte. Dieses Blau war die Farbe ihrer Kindheit – unbeschwerte Tage, in denen die Sonne niemals unterzugehen schien und die Zeit endlos schien. Es war das Blau des Himmels, unter dem sie mit ihrer Schwester im Garten spielte, das Lachen in der Luft und die Welt in Harmonie.

Aber die Farben des Lebens sind nicht immer hell und heiter. Als Clara das Schwarz aufnahm, erfüllte eine Schwere den Raum. Der Pinsel glitt langsam über die Leinwand und brachte die düsteren Erinnerungen an Verlust und Trauer hervor. Sie dachte an den Tag, an dem sie ihren Vater verlor, und an die Leere, die danach in ihrem Herzen blieb. Das Schwarz war die Farbe der Nacht, als sie weinend auf ihrem Bett lag und die Sterne draußen keine Antworten auf ihre Fragen boten.

Rot kam als nächstes – das Feuer, die Leidenschaft, das Leben in all seiner Intensität. Sie erinnerte sich an ihre ersten Liebesbeziehungen, die fiebrigen Küsse und das Herzklopfen. Das Rot auf der Leinwand war lebendig und pulsierend, als wollte es aus der Fläche hervorspringen und in Flammen aufgehen. Doch es war nicht nur die Farbe der Liebe, sondern auch die Farbe des Streits, der hitzigen Auseinandersetzungen, die sie ebenso geprägt hatten.

Dann nahm sie Gelb. Es war das Gelb der Sonnenblumen, das warme Licht eines Frühlingsmorgens und das Lachen mit Freunden. Gelb war die Farbe der Hoffnung, der Neubeginne. Es erinnerte sie an den Moment, als sie das erste Mal Mutter wurde, als sie das kleine Wesen in ihren Armen hielt und die Welt plötzlich heller erschien. Gelb war die Farbe des Lebens selbst, voller Versprechen und leuchtender Möglichkeiten.

Grün. Es brachte die Erinnerung an die Natur zurück, an Spaziergänge durch Wälder, an das Rascheln der Blätter und den Duft des Regens. Es war die Farbe des Wachstums, der Veränderung, der Erneuerung. Grün war die Farbe der Vergebung, der Versöhnung mit sich selbst und mit anderen. Sie dachte an die Momente, in denen sie Fehler gemacht hatte und lernen musste, sich selbst zu vergeben.

Schließlich nahm Clara Weiß – nicht das reine, unberührte Weiß der Leinwand, sondern ein gebrochenes Weiß, das von all den Farben beeinflusst wurde, die sie zuvor aufgetragen hatte. Es war die Farbe des Friedens, der Akzeptanz. Weiß war die Farbe des Moments, in dem sie erkannte, dass das Leben nicht in einfachen Schwarz-Weiß-Kategorien zu fassen war, sondern in unzähligen Schattierungen und Zwischentönen existierte. Es war das Ende und der Anfang zugleich.

Als Clara die letzten Striche auf die Leinwand setzte, fühlte sie eine tiefe Ruhe. Dieses Gemälde war nicht nur Kunst – es war ihr Leben. Jede Farbe trug eine Geschichte, jede Linie eine Erinnerung. Sie trat zurück und betrachtete ihr Werk. Es war chaotisch und doch vollkommen, widersprüchlich und doch wahr.

Die Farben des Lebens, dachte Clara. So vielfältig, so tief.

The Colors of Life

In the early morning, as the light gently streamed through the studio window, Clara stood before her canvas. Her brushes rested like sleeping birds in a glass of water, slightly tinted by the pigments of the paints. On the pristine white canvas lay a world of endless possibilities, yet in Clara's heart, a soft whisper of memories stirred.

She reached for a brush, dipping it into the rich blue that reminded her of a summer morning sky. A smile played on her lips as she placed the first stroke on the canvas. This blue was the color of her childhood—carefree days when the sun seemed never to set and time felt infinite. It was the blue of the sky under which she played with her sister in the garden, laughter filling the air, and the world in harmony.

But the colors of life are not always bright and cheerful. As Clara picked up the black, a heaviness filled the room. The brush moved slowly across the canvas, bringing forth the somber memories of loss and sorrow. She thought of the day she lost her father, and the emptiness that followed in her heart. The black was the color of the night, when she lay crying in her bed, the stars outside offering no answers to her questions.

Red came next—the fire, the passion, life in all its intensity. She remembered her first loves, the fevered kisses, and the racing heartbeat. The red on the canvas was vibrant and pulsing, as if it wanted to leap off the surface and burst into flames. But it wasn't just the color of love; it was also the color of arguments, of heated disputes that had shaped her just as much.

Then she took yellow. It was the yellow of sunflowers, the warm light of a spring morning, and laughter with friends. Yellow was the color of hope, of new beginnings. It reminded her of the moment she became a mother for the first time, holding the tiny being in her arms as the world suddenly seemed brighter. Yellow was the color of life itself, full of promise and radiant possibilities.

Green. It brought back memories of nature, of walks through forests, the rustling of leaves, and the scent of rain. It was the color of growth, of change, of renewal. Green was the color of forgiveness, of making peace with oneself and with others. She thought of the moments when she had made mistakes and had to learn to forgive herself.

Finally, Clara took white—not the pure, untouched white of the canvas, but a broken white, influenced by all the colors she had applied before. It was the color of peace, of acceptance. White was the color of the moment when she realized that life could not be captured in simple black-and-white terms, but existed in countless shades and in-betweens. It was both the end and the beginning.

As Clara added the final strokes to the canvas, she felt a deep calm. This painting was not just art—it was her life. Each color carried a story, each line a memory. She stepped back and looked at her work. It was chaotic yet complete, contradictory yet true.

The colors of life, Clara thought. So diverse, so deep.

Der Zufall

Es war ein regnerischer Dienstagmorgen in Berlin, und das kleine Café an der Ecke der Friedrichstraße war wie immer überfüllt. Mia, eine 29-jährige Grafikdesignerin, die stets in Eile war, drängte sich durch die Tür, ihre Tasche über der Schulter und ihr Handy fest in der Hand. Sie war spät dran für ein Meeting, aber der Koffeinmangel hatte gesiegt – ohne einen schnellen Cappuccino würde der Tag unerträglich werden.

Während sie in der Schlange stand, vertieft in die Nachrichten auf ihrem Handy, ahnte sie nicht, dass nur wenige Schritte von ihr entfernt ein chaotischer Moment auf sie wartete. Paul, ein 32-jähriger Autor, der gerade mit einer Schreibblockade kämpfte, saß an einem der überfüllten Tische. Er hatte sein Laptop vor sich aufgestellt, einen großen Latte neben sich stehen, und versuchte verzweifelt, eine inspirierende Zeile zu finden. Die Worte wollten einfach nicht fließen.

Als Mia endlich an der Reihe war, balancierte sie ihre Tasche, das Handy und ihren frisch bestellten Cappuccino gleichzeitig, als der Deckel des Bechers sich plötzlich löste. Heißer Kaffee spritzte auf ihre Hand, und in ihrer Panik ließ sie nicht nur den Becher, sondern auch ihr Handy fallen – genau in Pauls Richtung.

Der Kaffeebecher landete mit einem lauten Platschen auf dem Boden, während das Handy direkt auf Pauls Laptop zusteuerte. Pauls Reflexe waren schneller als seine Schreibkünste an diesem Tag, und er schaffte es, das Handy in der Luft zu fangen, bevor es seinen Laptop traf. Doch in dem Moment, als er das Handy in den Händen hielt, schoss Mia bereits auf ihn zu.

„Oh Gott, es tut mir so leid!" rief sie, ihre Wangen vor Verlegenheit gerötet. „Das war keine Absicht!"

Paul, der die Situation zunächst verwirrt betrachtete, sah dann den Humor darin. „Keine Sorge, ich glaube, mein Laptop hat sich schon darauf eingestellt, von Koffein getränkt zu werden. Er leidet auch unter einer Schreibblockade."

Mia lachte nervös, und Paul reichte ihr das Handy zurück. „Ich hätte Ihnen helfen sollen, aber ich dachte, Sie hätten einen besonders dramatischen Cappuccino-Stunt geplant."

„Ja, genau das wollte ich," antwortete Mia trocken und seufzte. „Perfekter Start in den Tag."

„Ich könnte sagen, dass ich schlimmeres erlebt habe, aber ehrlich gesagt, das ist definitiv der Höhepunkt meiner Woche," sagte Paul grinsend. „Ich bin Paul, und Sie sind... die Kaffeekünstlerin?"

„Mia," stellte sie sich vor, während sie die Sauerei auf dem Boden betrachtete. „Ich sollte wohl besser einen neuen Cappuccino holen."

„Oder wir setzen uns einfach zusammen, und ich spendiere Ihnen einen. Als Entschädigung für meinen Laptop, der zwar gerettet wurde, aber vermutlich emotional belastet ist," scherzte Paul und deutete auf den leeren Stuhl neben sich.

Mia zögerte, dann zuckte sie mit den Schultern und setzte sich. „Warum nicht? Ich kann das Drama sowieso nicht schlimmer machen."

Sie setzten sich und begannen, sich über alles Mögliche zu unterhalten – von schlechten Cappuccino-Erlebnissen über Schreibblockaden bis hin zu den besten Orten in Berlin, um dem Chaos der Stadt zu entkommen. Die Unterhaltung verlief so leicht und humorvoll, dass beide vergaßen, wie sie sich überhaupt kennengelernt hatten. Es war, als hätten sie ein Stück gemeinsamen Lebens schon hinter sich.

Am Ende dieses chaotischen Vormittags tauschten Mia und Paul ihre Nummern aus. „Vielleicht sollten wir das öfter machen," sagte Paul lächelnd. „Natürlich ohne Kaffeepannen."

„Klingt gut," antwortete Mia und grinste. „Aber ich garantiere für nichts."

Und so begann es – eine zufällige Begegnung in einem überfüllten Berliner Café, die sich schnell in eine Geschichte voller kleiner Missgeschicke, Gelächter und vielleicht, nur vielleicht, etwas mehr als Freundschaft verwandelte.

The Coincidence

It was a rainy Tuesday morning in Berlin, and the small café on the corner of Friedrichstraße was as crowded as ever. Mia, a 29-year-old graphic designer who was always in a rush, squeezed through the door, her bag slung over her shoulder and her phone clutched tightly in her hand. She was late for a meeting, but the caffeine withdrawal had won – without a quick cappuccino, the day would be unbearable.

As she stood in line, absorbed in the messages on her phone, she had no idea that a chaotic moment was about to unfold just a few steps away. Paul, a 32-year-old writer struggling with writer's block, sat at one of the crowded tables. He had his laptop open in front of him, a large latte next to him, and was desperately trying to come up with an inspiring line. The words simply wouldn't flow.

When Mia finally got her turn, she tried balancing her bag, her phone, and her freshly ordered cappuccino all at once, when the lid of the cup suddenly came loose. Hot coffee splashed onto her hand, and in her panic, she not only dropped the cup but also her phone – right in Paul's direction.

The coffee cup hit the floor with a loud splash, while the phone flew straight toward Paul's laptop. Paul's reflexes were quicker than his writing skills that day, and he managed to catch the phone mid-air before it landed on his laptop. But just as he grabbed the phone, Mia rushed over to him.

"Oh my god, I'm so sorry!" she exclaimed, her cheeks flushed with embarrassment. "That wasn't on purpose!"

Paul, initially confused by the situation, soon saw the humor in it. "No worries, I think my laptop was already bracing itself to be doused in caffeine. It's also suffering from writer's block."

Mia laughed nervously, and Paul handed her phone back to her. "I should have helped you, but I thought you had some kind of dramatic cappuccino stunt planned."

"Yes, that's exactly what I was going for," Mia replied dryly, sighing. "Perfect start to the day."

"I could say I've had worse, but honestly, this is definitely the highlight of my week," Paul said with a grin. "I'm Paul, and you must be… the coffee artist?"

"Mia," she introduced herself, looking down at the mess on the floor. "I should probably get another cappuccino."

"Or we could just sit together, and I'll buy you one. As compensation for my laptop, which was saved but probably emotionally scarred," Paul joked, pointing to the empty chair next to him.

Mia hesitated, then shrugged and sat down. "Why not? I can't make the drama any worse."

They sat down and started talking about everything – from bad cappuccino experiences to writer's block to the best spots in Berlin to escape the city's chaos. The conversation flowed so easily and humorously that they both forgot how they had even met. It felt like they already shared a piece of life together.

By the end of that chaotic morning, Mia and Paul exchanged numbers. "Maybe we should do this more often," Paul said with a smile. "Of course, without the coffee disasters."

"Sounds good," Mia replied, grinning. "But I guarantee nothing."

And so it began – a chance encounter in a crowded Berlin café, quickly turning into a story full of small misadventures, laughter, and maybe, just maybe, something more than friendship.

Die Schatten der Vergangenheit

Sophie stand vor der Tür ihrer neuen Wohnung und betrachtete den alten Schlüssel, der unangenehm schwer in ihrer Hand lag. Es war eine jener Berliner Altbauwohnungen, von denen viele träumten – hohe Decken, große Fenster, ein knarrender Holzboden, der Geschichten zu erzählen schien. Aber etwas stimmte nicht. Seit sie den Vertrag unterschrieben hatte, hatte sie das Gefühl, dass diese Wohnung eine dunkle Vergangenheit verbarg. Es war nicht nur der Duft von alten Tapeten und vergilbtem Holz, sondern eine unterschwellige Anspannung, die in den Räumen zu lauern schien.

Am ersten Abend saß Sophie allein auf ihrem neuen Sofa und lauschte den Geräuschen des alten Gebäudes. Die Rohre knarrten, und manchmal schien es, als ob Schritte im Flur zu hören waren, obwohl sie wusste, dass sie allein war. Sie versuchte, sich zu beruhigen, redete sich ein, dass es nur die üblichen Geräusche eines alten Hauses seien. Doch in der ersten Nacht hatte sie einen seltsamen Traum. Sie sah eine Frau, die am Fenster stand und hinaus in die Nacht starrte. Ihr Gesicht war undeutlich, aber ihre Gestalt war von Traurigkeit und Angst durchdrungen.

Am nächsten Morgen wachte Sophie schweißgebadet auf. Der Traum fühlte sich so real an, als ob er mehr als nur ein Produkt ihres Geistes war. Sie schüttelte den Gedanken ab und beschloss, sich auf die Arbeit zu konzentrieren. Doch die Nächte wurden nicht besser. Jede Nacht träumte sie von der Frau. Mal stand sie am Fenster, mal lag sie weinend auf dem Boden, mal schien sie etwas in der Wand zu suchen. Es war, als ob die Frau ihr etwas sagen wollte, aber sie konnte die Botschaft nicht verstehen.

Als die Tage vergingen, begann Sophie zu recherchieren. Sie fragte die Nachbarn nach der vorherigen Mieterin, aber die Antworten waren vage. „Sie war eine ruhige Frau", sagten sie. „Sie hat sich nicht viel blicken lassen." Doch niemand wusste, wohin sie gegangen war oder warum sie die Wohnung verlassen hatte. Das Gefühl der Unruhe in Sophie wuchs. Eines Abends fand sie in einer Schublade im Schlafzimmer eine kleine Kiste, die offenbar der vorherigen Mieterin gehört hatte. In der Kiste lagen alte Briefe, Fotos und ein Tagebuch. Die Worte auf den vergilbten Seiten erzählten eine Geschichte von Verlust, Verrat und Verzweiflung.

Die Frau, die zuvor in der Wohnung gelebt hatte, hieß Anna. Ihre Einträge im Tagebuch wurden mit der Zeit immer dunkler, sie schrieb von einer unerklärlichen Angst, die sie nachts heimsuchte, und von einem Mann, der sie beobachtete. Sophie spürte, wie ihr Puls raste, als sie die letzten Seiten las. Anna schrieb, dass sie eine Entscheidung treffen musste, um der Dunkelheit zu entkommen. Doch das Tagebuch endete abrupt.

In den folgenden Tagen fühlte Sophie sich zunehmend beobachtet. Es war, als ob die Schatten in den Ecken der Wohnung lebendig wurden. Sie konnte kaum schlafen, und jedes kleinste Geräusch ließ sie zusammenzucken. Schließlich beschloss sie, tiefer zu graben. Sie fand heraus, dass Anna nicht einfach verschwunden war. Sie hatte sich in der Wohnung das Leben genommen, nur wenige Wochen bevor Sophie eingezogen war.

Die Entdeckung erschütterte sie. In jener Nacht träumte sie erneut von Anna, aber diesmal war der Traum anders. Anna sprach zu ihr. „Es ist noch nicht vorbei", flüsterte sie. „Er ist immer noch hier." Sophie wachte schreiend auf, und zum ersten Mal erkannte sie, dass die Dunkelheit, die Anna umgeben hatte, nun auch sie umklammerte.

Die Luft in der Wohnung wurde drückend, fast erstickend. Sophie fühlte sich von den Wänden eingeengt, von den Schatten verfolgt. Sie wusste, dass sie die Wohnung verlassen musste, aber etwas hielt sie zurück. Es war, als ob die Wohnung selbst sie nicht gehen lassen wollte. Die Geschichte von Anna, die Dunkelheit, die sich in jedem Winkel zu verstecken schien – all das schien mit ihr verbunden zu sein.

Am letzten Abend packte Sophie ihre Sachen, bereit, die Wohnung zu verlassen. Doch als sie die Tür öffnete, hörte sie hinter sich ein Flüstern. „Es ist noch nicht vorbei." Sie drehte sich um, und da war sie – die Gestalt der Frau aus ihren Träumen, blass und verzweifelt. In diesem Moment begriff Sophie, dass die Schatten der Vergangenheit nie wirklich verschwunden waren. Sie waren immer da gewesen, lauernd, wartend.

Die Tür fiel ins Schloss, und Sophie verschwand in der Dunkelheit.

The Shadows of the Past

Sophie stood in front of the door to her new apartment, staring at the old key, which felt unpleasantly heavy in her hand. It was one of those Berlin Altbau apartments that many people dream of – high ceilings, large windows, and creaky wooden floors that seemed to have stories to tell. But something was off. Since she had signed the lease, she had the feeling that this apartment hid a dark past. It wasn't just the scent of old wallpaper and yellowed wood, but an underlying tension that seemed to lurk in the rooms.

On her first evening, Sophie sat alone on her new sofa, listening to the sounds of the old building. The pipes creaked, and sometimes it seemed like there were footsteps in the hallway, even though she knew she was alone. She tried to calm herself, convincing herself it was just the usual noises of an old house. But on the first night, she had a strange dream. She saw a woman standing by the window, staring out into the night. Her face was indistinct, but her figure was filled with sadness and fear.

The next morning, Sophie woke up drenched in sweat. The dream felt so real, as if it was more than just a product of her mind. She shook the thought off and decided to focus on her work. But the nights didn't get any better. Every night, she dreamed of the woman. Sometimes she stood by the window, sometimes she was crying on the floor, and other times she seemed to be searching for something in the wall. It was as if the woman was trying to tell her something, but Sophie couldn't understand the message.

As the days passed, Sophie started to investigate. She asked the neighbors about the previous tenant, but the answers were vague. "She was a quiet woman," they said. "She didn't show herself much." But no one knew where she had gone or why she had left the apartment. The feeling of unease in Sophie grew. One evening, she found a small box in a drawer in the bedroom, which apparently belonged to the previous tenant. Inside the box were old letters, photos, and a diary. The words on the yellowed pages told a story of loss, betrayal, and despair.

The woman who had lived in the apartment before was named Anna. Her diary entries became darker over time; she wrote about an unexplained fear that haunted her at night and a man who watched her. Sophie's pulse quickened as she read the last pages. Anna wrote that she had to make a decision to escape the darkness. But the diary ended abruptly.

In the following days, Sophie felt increasingly watched. It was as if the shadows in the corners of the apartment came to life. She could barely sleep, and every little sound made her jump. Finally, she decided to dig deeper. She discovered that Anna hadn't just disappeared. She had taken her own life in the apartment, just weeks before Sophie had moved in.

The discovery shook her. That night, she dreamed of Anna again, but this time the dream was different. Anna spoke to her. "It's not over yet," she whispered. "He's still here." Sophie woke up screaming, and for the first time, she realized that the darkness that had surrounded Anna now enveloped her too.

The air in the apartment grew oppressive, almost suffocating. Sophie felt trapped by the walls, pursued by the shadows. She knew she had to leave the apartment, but something held her back. It was as if the apartment itself wouldn't let her go. Anna's story, the darkness that seemed to hide in every corner – all of it seemed connected to her.

On the last evening, Sophie packed her things, ready to leave the apartment. But as she opened the door, she heard a whisper behind her. "It's not over yet." She turned around, and there she was – the figure of the woman from her dreams, pale and desperate. In that moment, Sophie understood that the shadows of the past had never really disappeared. They had always been there, lurking, waiting.

The door slammed shut, and Sophie vanished into the darkness.

Der Weg zur Freiheit

———

Maria stand am Fenster ihrer kleinen Wohnung in einer zerstörten Stadt und beobachtete die Trümmer, die sich unter dem bleigrauen Himmel erstreckten. Es war das Jahr 1946, und Deutschland lag noch immer in den Ruinen des Krieges. Der Schutt, der die Straßen füllte, schien das Echo vergangener Zeiten zu tragen, und doch schien auch etwas Neues zu beginnen. Maria spürte, dass es nicht nur die Stadt war, die wiederaufgebaut werden musste, sondern auch sie selbst.

Ihre Familie hatte viel verloren – das Haus, das sie einst bewohnten, war in den letzten Tagen des Krieges bombardiert worden. Ihr Vater war in den letzten Kriegsjahren auf mysteriöse Weise verschwunden, und ihre Mutter, einst eine stolze Frau, war nun in sich gekehrt, gebrochen und voller Schuld. Doch es war nicht nur der Verlust des Materiellen, der Maria bedrückte. Es war die Geschichte ihrer Familie, die dunklen Entscheidungen, die ihr Vater getroffen hatte, die nun wie ein Schatten über ihr lag.

Eines Abends, als Maria in der zerfallenden Küche ihrer Mutter saß und das Schweigen des Hauses sie fast erdrückte, begann ihre Mutter zu sprechen. „Dein Vater... er hat sich damals dem Regime angeschlossen", sagte sie mit einer Stimme, die kaum ein Flüstern war. „Er glaubte, es wäre das Richtige für uns, für das Land. Aber er hat sich geirrt. Und jetzt..." Sie verstummte, als ob die Last der Worte zu schwer für sie wäre.

Maria hatte es immer gewusst, aber nie ausgesprochen. Sie spürte eine Mischung aus Wut und Trauer in sich aufsteigen. Wie konnte er so blind sein? Wie konnte er das Leid, das über das Land gekommen war, unterstützen? Doch sie wusste auch, dass es nicht einfach war, die Vergangenheit hinter sich zu lassen. Deutschland selbst kämpfte mit der

Schuld und den Narben des Krieges, und sie war nur ein kleiner Teil dieser größeren Geschichte.

In den kommenden Wochen begann Maria, sich mehr in das neue Leben der Stadt zu integrieren. Sie fand Arbeit bei einer Hilfsorganisation, die half, Flüchtlinge und Vertriebene zu versorgen. Jeder, den sie traf, trug seine eigene Geschichte mit sich – Geschichten von Verlust, Flucht und Hoffnung. Sie begann, sich mit anderen jungen Menschen zu umgeben, die wie sie nach einer neuen Identität suchten, nach einem Platz in dieser neuen Welt.

Eines Tages traf sie auf einen jungen Mann namens Heinrich, der wie sie auf der Suche nach etwas war, das er nicht genau benennen konnte. Sie fanden Trost in den Gesprächen, die sie führten, oft über die Zukunft und darüber, wie man mit der Vergangenheit umgehen sollte. Heinrich hatte im Krieg gekämpft, doch er sprach wenig darüber. Stattdessen konzentrierte er sich auf die Frage, wie man das Leben jetzt sinnvoll gestalten könnte.

„Wir müssen lernen zu vergeben", sagte er eines Tages, als sie durch die Trümmer der Stadt gingen. „Nicht nur den anderen, sondern auch uns selbst."

Maria wusste, dass Heinrich Recht hatte, aber die Vergebung schien ein weiter, unerreichbarer Weg zu sein. Wie konnte sie ihrem Vater vergeben? Wie konnte sie einem Land vergeben, das sich selbst so zerstört hatte?

Doch langsam, während die Stadt sich Stück für Stück aufbaute, begann auch Maria, eine neue Perspektive zu finden. Sie erkannte, dass es nicht darum ging, die Vergangenheit zu vergessen, sondern darum, mit ihr zu leben, ohne sich von ihr definieren zu lassen. Es war ein schmerzhafter Prozess, aber sie wusste, dass es der einzige Weg war, um wirklich frei zu sein.

Im Laufe der Jahre erlebte Maria, wie sich die Stadt veränderte, wie neue Gebäude aus den Ruinen emporstiegen, wie die Menschen langsam lernten, wieder zu lachen, zu lieben und zu hoffen. Sie selbst fand ihren Platz in dieser neuen Gesellschaft, arbeitete weiter mit Flüchtlingen und half, Brücken zwischen den Menschen zu bauen.

Eines Tages, als sie auf dem Marktplatz stand und die Sonnenstrahlen die Stadt in ein goldenes Licht tauchten, spürte sie eine unerwartete Leichtigkeit in ihrem Herzen. Die Schatten der Vergangenheit waren nicht verschwunden, aber sie hatten ihre Macht über sie verloren. Der Weg zur Freiheit war lang und beschwerlich gewesen, doch sie wusste, dass sie ihn nicht allein gegangen war.

The Road to Freedom

———

Maria stood by the window of her small apartment in a city devastated by war, watching the rubble stretch out beneath the leaden sky. It was 1946, and Germany was still in ruins. The debris that filled the streets seemed to carry the echoes of a bygone era, and yet something new also seemed to be emerging. Maria felt that it wasn't just the city that needed rebuilding, but herself as well.

Her family had lost much – the house they once lived in had been bombed in the final days of the war. Her father had mysteriously disappeared in the last years of the conflict, and her mother, once a proud woman, was now withdrawn, broken, and filled with guilt. But it wasn't just the loss of material things that weighed on Maria. It was her family's history, the dark decisions her father had made, which now cast a shadow over her life.

One evening, as Maria sat in her mother's crumbling kitchen, the silence of the house almost suffocating, her mother began to speak. "Your father... he joined the regime," she said, her voice barely a whisper. "He thought it was the right thing for us, for the country. But he was wrong. And now..." She trailed off, as if the weight of the words was too much to bear.

Maria had always known, but it had never been spoken aloud. She felt a mix of anger and sorrow rise within her. How could he have been so blind? How could he have supported the suffering that had befallen the country? Yet she also knew that leaving the past behind was not easy. Germany itself was struggling with the guilt and scars of the war, and she was only a small part of that larger story.

In the weeks that followed, Maria began to integrate more into the new life of the city. She found work with a relief organization that helped refugees and displaced people. Everyone she met carried their own story – stories of loss, flight, and hope. She began to surround herself with other young people, who, like her, were searching for a new identity, a place in this new world.

One day she met a young man named Heinrich, who, like her, was searching for something he couldn't quite name. They found comfort in the conversations they had, often about the future and how to deal with the past. Heinrich had fought in the war, but he spoke little of it. Instead, he focused on the question of how to live a meaningful life now.

"We must learn to forgive," he said one day as they walked through the rubble of the city. "Not just others, but ourselves as well."

Maria knew that Heinrich was right, but forgiveness seemed like a distant, unreachable path. How could she forgive her father? How could she forgive a country that had destroyed itself?

But slowly, as the city rebuilt itself piece by piece, Maria began to find a new perspective. She realized that it wasn't about forgetting the past, but about living with it without being defined by it. It was a painful process, but she knew it was the only way to truly be free.

Over the years, Maria witnessed the city transform, as new buildings rose from the ruins, and people slowly learned to laugh, love, and hope again. She found her place in this new society, continuing to work with refugees and helping to build bridges between people.

One day, as she stood in the marketplace, with the sunlight bathing the city in a golden glow, she felt an unexpected lightness in her heart. The shadows of the past had not disappeared, but they had lost their power over her. The path to freedom had been long and arduous, but she knew she had not walked it alone.

Das letzte Wort

Es war ein kalter, grauer Morgen, als Herr Müller beschloss, seine letzten Gedanken zu Papier zu bringen. Er saß in seinem kleinen Arbeitszimmer, umgeben von den Schatten seiner Vergangenheit, während das Licht des Tages durch das Fenster fiel und den Raum in ein gedämpftes Licht tauchte. Mit zittrigen Händen nahm er einen alten Füller und begann zu schreiben, als ob er die Zeit zurückdrehen könnte.

„Liebe Anna," begann er, und die Worte flossen wie Wasser aus seinem Herzen. „Es ist lange her, dass ich dir geschrieben habe, und noch länger, seit wir uns das letzte Mal gesehen haben. Ich weiß, dass ich dich enttäuscht habe, und ich bedaure die Zeit, die wir verloren haben. Mein Leben war gefüllt mit Entscheidungen, die ich nicht zurücknehmen kann, und die Frage, ob ich die richtigen getroffen habe, verfolgt mich Tag für Tag."

Er hielt inne und betrachtete die Tinte auf dem Papier. Erinnerungen überfluteten ihn – der Tag, als er seine Tochter zum ersten Mal in den Armen hielt, ihr Lächeln an ihrem Hochzeitstag und die schmerzlichen Worte, die zwischen ihnen gefallen waren, als sie sich das letzte Mal gestritten hatten. Es war ein Streit über etwas so Belangloses, aber der Stolz hatte sie beide daran gehindert, einander zu vergeben.

„Ich erinnere mich, wie du als Kind immer wieder gefragt hast, warum ich so viel arbeite und so wenig Zeit für dich habe", schrieb er weiter. „Ich wollte dir ein besseres Leben bieten, doch ich habe nicht realisiert, dass ich damit das Wichtigste verlor – unsere gemeinsame Zeit. Ich dachte, dass Erfolg und Geld dir eines Tages helfen würden, aber ich habe nie bedacht, dass es die Liebe und die Erinnerungen sind, die uns wirklich bereichern."

Er seufzte und schaute aus dem Fenster, wo die Bäume im Wind rauschten. Der Winter hatte sie kahl und verletzlich gemacht, genau wie ihn. Seine Gedanken drifteten zu den Gelegenheiten, die er verpasst hatte, und den Worten, die nie ausgesprochen wurden. Wenn er nur die Zeit zurückdrehen könnte! Aber er wusste, dass er sich der Realität stellen musste. Der Krebs, der ihm die Kraft raubte, hatte ihm die letzten Tage seiner Lebensreise offenbart.

„Ich wünschte, ich könnte dir sagen, wie stolz ich auf dich bin", fuhr er fort. „Du hast so viel erreicht, und ich habe nie genug darüber gesprochen. Vielleicht war ich zu beschäftigt mit meinen eigenen Sorgen, um zu sehen, wie besonders du bist. Wenn ich noch eine Chance bekäme, würde ich dir sagen, dass du geliebt wirst, bedingungslos."

Mit jedem Wort, das er schrieb, wurde ihm klarer, dass die Liebe, die er für Anna fühlte, nie erloschen war. Sie war nur durch Stolz und Missverständnisse erstickt worden. Er hatte sie nie vergessen, und der Gedanke, sie nicht mehr zu sehen, schnürte ihm die Kehle zu.

„Wenn du das hier liest, hoffe ich, dass du mir vergeben kannst", schrieb er. „Ich wünsche mir nichts mehr, als dich wiederzusehen und dir in die Augen zu schauen. Ich möchte, dass du weißt, dass es nie zu spät ist, um die Liebe zu finden, selbst wenn die Zeit gegen uns arbeitet."

Als er den letzten Satz niederschrieb, fühlte er eine seltsame Erleichterung. Das Schreiben dieser Briefe war wie eine Befreiung von der Last seiner Vergangenheit. Er faltete den Brief sorgsam und steckte ihn in einen Umschlag. Es war nicht nur ein Brief; es war sein letzter Versuch, die Kluft zwischen ihnen zu überbrücken, und vielleicht, nur vielleicht, würde sie ihm die Möglichkeit geben, das letzte Wort zu haben.

Er dachte an die Zeit, die ihm noch blieb, und an die Hoffnung, dass er eines Tages die Tür zu seiner Tochter wieder öffnen könnte. In seinen letzten Tagen wollte er die Schatten der Vergangenheit hinter sich lassen und den Mut finden, mit seiner Tochter zu sprechen. Er wusste, dass er die Liebe nicht zurückbekommen konnte, die er verloren hatte, aber vielleicht könnte er einen neuen Anfang finden.

43

The Last Word

It was a cold, gray morning when Mr. Müller decided to put his last thoughts on paper. He sat in his small study, surrounded by the shadows of his past, while the light of day streamed through the window, casting a muted glow across the room. With trembling hands, he picked up an old fountain pen and began to write as if he could turn back time.

"Dear Anna," he began, and the words flowed like water from his heart. "It has been a long time since I last wrote to you, and even longer since we saw each other. I know I have disappointed you, and I regret the time we have lost. My life has been filled with choices I cannot undo, and the question of whether I made the right ones haunts me day by day."

He paused and looked at the ink on the page. Memories flooded him – the day he first held his daughter in his arms, her smile on her wedding day, and the painful words that had passed between them during their last argument. It had been a quarrel over something so trivial, yet pride had kept them both from forgiving one another.

"I remember how, as a child, you would always ask why I worked so much and spent so little time with you," he wrote. "I wanted to provide you with a better life, yet I never realized that in doing so, I lost the most important thing – our time together. I thought success and money would help you one day, but I never considered that it was love and memories that truly enrich us."

He sighed and gazed out the window, where the trees swayed in the wind. Winter had left them bare and vulnerable, just like him. His thoughts drifted to the opportunities he had missed and the words that had never been spoken. If only he could turn back time! But he knew he had to face reality. The cancer that was draining his strength had revealed to him the final days of his life's journey.

"I wish I could tell you how proud I am of you," he continued. "You have achieved so much, and I have never spoken enough about it. Perhaps I was too caught up in my own worries to see how special you are. If I had one more chance, I would tell you that you are loved, unconditionally."

With every word he wrote, it became clearer to him that the love he felt for Anna had never faded. It had merely been suffocated by pride and misunderstandings. He had never forgotten her, and the thought of not seeing her again tightened his throat.

"If you read this, I hope you can forgive me," he wrote. "Nothing would bring me more joy than to see you again and look into your eyes. I want you to know that it is never too late to find love, even if time works against us."

As he wrote the last sentence, he felt a strange sense of relief. Writing these letters was like freeing himself from the burden of his past. He carefully folded the letter and placed it in an envelope. It was not just a letter; it was his last attempt to bridge the gap between them, and perhaps, just perhaps, it would give him the chance to have the last word.

He thought about the time he had left and the hope that one day he could open the door to his daughter again. In his final days, he wanted to leave behind the shadows of the past and find the courage to speak with his daughter. He knew he could not regain the love he had lost, but perhaps he could find a new beginning.

Ein unvergesslicher Sommer

In einem kleinen Küstenstädtchen, wo die Wellen sanft gegen die Felsen schlugen und die Sonne die Strände in ein goldenes Licht tauchte, verbrachte Max seinen letzten Sommer vor dem Abitur. Es war ein Sommer voller Versprechen und Veränderungen, und für Max fühlte es sich an, als könnte alles passieren.

Er hatte gerade die Schule hinter sich gelassen und die Freiheit in vollen Zügen genossen. Jeden Morgen traf er sich mit seinen Freunden, um am Strand zu schwimmen, Volleyball zu spielen und Eis zu essen. Doch es war nicht nur die Sonne und das Meer, die ihn in ihren Bann zogen; es war auch ein Mädchen namens Clara. Sie war neu in der Stadt und hatte mit ihren strahlend blauen Augen und ihrem ansteckenden Lachen die Herzen vieler Jungen im Sturm erobert, auch Max'.

Clara und Max lernten sich an einem lauen Abend beim Lagerfeuer am Strand kennen. Während die Sterne über ihnen leuchteten, redeten sie über ihre Träume, ihre Ängste und die kleinen Dinge, die das Leben so besonders machten. Max fühlte sich sofort zu Clara hingezogen, und während sie Marshmallows über dem Feuer rösteten, spürte er, dass dieser Sommer anders sein würde als alle anderen.

Die Tage vergingen schnell, und die beiden wurden unzertrennlich. Sie erkundeten versteckte Buchten, gingen auf Fahrradtouren durch die Hügel und schrieben gemeinsam Geschichten in ihr Notizbuch. Max entdeckte eine neue Seite an sich selbst; mit Clara fühlte er sich mutig und frei. Doch während die Sonne immer höher stand, wurde Max klar, dass die Realität manchmal dunkle Schatten wirft, selbst auf den hellsten Tagen.

Die ersten Anzeichen von Unstimmigkeiten tauchten auf, als Max Clara in einem Gespräch mit einem anderen Jungen beobachtete. Das Gefühl der Eifersucht kroch in ihm hoch, und bald wurde seine Unsicherheit zu einer ständigen Begleiterin. Er begann, sich zu fragen, ob Clara ihn wirklich mochte oder ob ihre Verbindung nur ein flüchtiger Sommerflirt war.

An einem besonders schönen Tag beschlossen sie, eine Bootsfahrt zu machen. Sie paddelten hinaus aufs Wasser, um die Aussicht auf die Küste zu genießen. In diesem Moment, umgeben von der Schönheit der Natur, gestand Max Clara seine Gefühle. „Ich glaube, ich habe mich in dich verliebt", sagte er zögernd, sein Herz klopfte wild. Clara sah ihn an, und für einen Augenblick schien die Zeit stillzustehen. Doch anstatt sofort zu antworten, lächelte sie nur geheimnisvoll und ließ ihn im Ungewissen.

Die restlichen Wochen des Sommers vergingen in einer Mischung aus Freude und Unsicherheit. Max und Clara hatten viele unvergessliche Momente miteinander, doch das Gefühl der Angst, sie zu verlieren, nagte an ihm. Letztendlich beschlossen sie, ein letztes großes Abenteuer zu erleben – eine Übernachtung am Strand, um den Sonnenaufgang zu sehen.

In der Nacht saßen sie am Lagerfeuer, und Max spürte, dass er eine Entscheidung treffen musste. Er wollte nicht, dass der Sommer ohne ein Wort der Klarheit endete. Als die Flammen tanzten, nahm er all seinen Mut zusammen und fragte: „Clara, was fühlst du für mich?"

Clara sah ihn an, und Max konnte die Unsicherheit in ihren Augen sehen. Nach einer langen Stille antwortete sie: „Ich mag dich, Max. Aber ich weiß nicht, was nach diesem Sommer kommt. Ich will nicht versprechen, dass ich bleiben kann, wenn die Schule beginnt."

Es war nicht die Antwort, die Max erhofft hatte, aber er wusste, dass sie ehrlich war. Der Sommer war bald vorbei, und mit ihm die

Unbeschwertheit, die er so sehr geschätzt hatte. Doch anstatt traurig zu sein, fühlte Max eine seltsame Erleichterung. Er hatte den Mut gefunden, seine Gefühle auszudrücken, und das war eine Lektion, die er nie vergessen würde.

Als der Sonnenaufgang über dem Meer aufging und die ersten Strahlen den Himmel in lebhaften Farben malten, wusste Max, dass dieser Sommer ihn für immer prägen würde. Er hatte die Höhen und Tiefen der ersten Liebe erlebt und würde immer an Clara und die unvergesslichen Erinnerungen zurückdenken, die sie miteinander geteilt hatten.

An Unforgettable Summer

In a small coastal town, where the waves gently crashed against the rocks and the sun bathed the beaches in golden light, Max spent his last summer before graduation. It was a summer full of promises and changes, and for Max, it felt like anything could happen.

He had just left school behind and was enjoying his newfound freedom to the fullest. Every morning, he met up with his friends to swim at the beach, play volleyball, and eat ice cream. But it wasn't just the sun and the sea that captivated him; it was also a girl named Clara. She was new in town and had captured the hearts of many boys with her bright blue eyes and infectious laughter, including Max's.

Clara and Max got to know each other one warm evening during a bonfire on the beach. As the stars twinkled above them, they talked about their dreams, fears, and the little things that made life special. Max felt an immediate attraction to Clara, and as they roasted marshmallows over the fire, he sensed that this summer would be different from all the others.

Days passed quickly, and the two became inseparable. They explored hidden coves, went biking through the hills, and wrote stories together in their notebooks. Max discovered a new side of himself; with Clara, he felt brave and free. But as the sun rose higher, he realized that reality sometimes casts dark shadows, even on the brightest days.

The first signs of discord appeared when Max saw Clara talking to another boy. A feeling of jealousy crept in, and soon his insecurity became a constant companion. He began to wonder if Clara really liked him or if their connection was just a fleeting summer fling.

On a particularly beautiful day, they decided to go for a boat ride. They paddled out onto the water to enjoy the view of the coast. In that moment, surrounded by the beauty of nature, Max confessed his feelings to Clara. "I think I've fallen in love with you," he said hesitantly, his heart racing. Clara looked at him, and for a moment, time seemed to stand still. But instead of responding immediately, she smiled mysteriously and left him in suspense.

The remaining weeks of summer passed in a mix of joy and uncertainty. Max and Clara shared many unforgettable moments together, yet the fear of losing her gnawed at him. Ultimately, they decided to embark on one last big adventure – an overnight stay at the beach to watch the sunrise.

That night, they sat by the bonfire, and Max felt he had to make a decision. He didn't want the summer to end without a word of clarity. As the flames danced, he gathered all his courage and asked, "Clara, what do you feel for me?"

Clara looked at him, and Max could see the uncertainty in her eyes. After a long silence, she replied, "I like you, Max. But I don't know what happens after this summer. I don't want to promise that I can stay when school starts."

It wasn't the answer Max had hoped for, but he knew it was honest. The summer was coming to an end, and with it the carefree spirit he had cherished so much. Yet instead of feeling sad, Max felt a strange relief. He had found the courage to express his feelings, and that was a lesson he would never forget.

As the sun rose over the sea and the first rays painted the sky in vibrant colors, Max knew this summer would forever shape him. He had experienced the highs and lows of first love and would always remember Clara and the unforgettable memories they had shared together.

Das Geheimnis der alten Bibliothek

Es war ein regnerischer Nachmittag, als vier Freunde – Mia, Leo, Sarah und Ben – sich in ihrer kleinen Stadt versammelten. Die Stimmung war trübe, und niemand hatte Lust, nach draußen zu gehen. Doch Mia hatte eine Idee. „Lasst uns die alte Bibliothek besuchen!", schlug sie vor. Die anderen waren skeptisch, denn sie hatten gehört, dass die Bibliothek seit Jahren unbenutzt und verwunschen war.

Nach einigem Zögern stimmten sie zu und machten sich auf den Weg. Als sie die Bibliothek erreichten, war sie noch beeindruckender, als sie es sich vorgestellt hatten. Der große Holztür knarrte, als sie sie öffneten, und ein Geruch von alten Seiten und geheimnisvollen Geschichten strömte ihnen entgegen. Die Regale waren hoch und voller Bücher, und die Wände waren mit Staub bedeckt.

„Seht euch diese alten Bücher an!", rief Leo begeistert. Er zog ein besonders großes Buch mit goldenen Buchstaben hervor. Plötzlich begann das Buch zu leuchten, und die Freunde traten einen Schritt zurück. „Was ist das?", fragte Sarah mit weit aufgerissenen Augen.

Ben, der immer für ein Abenteuer zu haben war, sagte: „Lass es uns aufschlagen!" Als sie die Seiten öffneten, wurden sie von einem strahlenden Licht umhüllt und fanden sich in einer fantastischen Welt wieder, die aus bunten Farben und lebhaften Kreaturen bestand.

„Willkommen im Reich der Geschichten!", rief eine fröhliche Figur mit einem großen Hut. Es war ein Geschichtenerzähler, der sie in die Welt der Bücher einführte. „Ihr habt das magische Buch gefunden, und nun dürft ihr die Abenteuer erleben, die in diesen Seiten verborgen sind!"

Die Freunde waren begeistert und beschlossen, ihre Reise zu beginnen. Doch bald merkten sie, dass jede Geschichte ihre eigenen Herausforderungen hatte. In einem Märchen mussten sie einen Drachen besiegen, der die Goldene Blume bewachte. In einem anderen mussten sie die geheimnisvolle Melodie finden, um einen gefangenen Prinzen zu befreien.

Während ihrer Abenteuer stellte sich heraus, dass ihre Freundschaft auf die Probe gestellt wurde. Sie hatten unterschiedliche Ideen, wie sie die Probleme lösen sollten, und manchmal gerieten sie in Streit. Doch sie lernten, dass sie zusammenarbeiten mussten, um die Herausforderungen zu meistern.

Schließlich standen sie vor der letzten Herausforderung: einem Labyrinth voller Rätsel und Fallen. „Das ist unsere größte Prüfung!", rief Mia. Gemeinsam mussten sie ihre Talente und Ideen kombinieren, um den Ausgang zu finden. Sie unterstützten sich gegenseitig und fanden schließlich den Weg nach draußen.

Als sie wieder in der Bibliothek standen, war das Buch geschlossen, und die magische Welt verschwand. Die Freunde sahen sich an und lachten. „Das war unglaublich!", rief Leo. „Wir sind echte Abenteurer!"

Mia lächelte. „Und wir haben etwas Wichtigeres gelernt: Unsere Freundschaft macht uns stark."

The Secret of the Old Library

It was a rainy afternoon when four friends – Mia, Leo, Sarah, and Ben – gathered in their small town. The mood was dreary, and no one felt like going outside. But Mia had an idea. "Let's visit the old library!" she suggested. The others were skeptical, having heard that the library had been unused and haunted for years.

After some hesitation, they agreed and set off. When they arrived at the library, it was even more impressive than they had imagined. The large wooden door creaked as they opened it, and a smell of old pages and mysterious stories wafted toward them. The shelves were tall and filled with books, and the walls were covered in dust.

"Look at these old books!" Leo exclaimed excitedly. He pulled out a particularly large book with golden letters. Suddenly, the book began to glow, and the friends took a step back. "What is that?" Sarah asked, her eyes wide with wonder.

Ben, who was always up for an adventure, said, "Let's open it!" As they turned the pages, they were enveloped in a radiant light and found themselves in a fantastical world filled with vibrant colors and lively creatures.

"Welcome to the Land of Stories!" cried a cheerful figure with a big hat. It was a storyteller who introduced them to the world of books. "You have found the magic book, and now you may embark on the adventures hidden within these pages!"

The friends were thrilled and decided to begin their journey. However, they soon realized that each story had its own challenges. In one tale, they had to defeat a dragon guarding the Golden Flower. In another, they needed to find the mysterious melody to free a captured prince.

As their adventures unfolded, they discovered that their friendship was being tested. They had different ideas about how to solve problems, and at times they argued. But they learned that they had to work together to overcome the challenges.

Finally, they faced their greatest challenge: a labyrinth filled with riddles and traps. "This is our biggest test!" Mia shouted. Together, they had to combine their talents and ideas to find the exit. They supported each other and eventually found their way out.

When they stood back in the library, the book was closed, and the magical world had vanished. The friends looked at each other and laughed. "That was incredible!" Leo shouted. "We are real adventurers!"

Mia smiled. "And we learned something even more important: Our friendship makes us strong."

Die Zukunft der Menschheit

Im Jahr 2147 hatte die Technologie das Leben der Menschen so sehr durchdrungen, dass die meisten zwischenmenschlichen Interaktionen über Bildschirme und Geräte stattfanden. Die Menschheit lebte in einer sterilen Welt, in der Emotionen durch Algorithmen reguliert wurden und soziale Kontakte auf minimale digitale Kommunikation reduziert waren. Die Städte waren mit leuchtenden Neonlichtern und überdimensionalen Bildschirmen gefüllt, die ständig Werbung für die neuesten Gadgets und Softwareupdates zeigten.

Inmitten dieser technisierten Welt gab es eine Gruppe von Rebellen, die sich "Die Aufständischen" nannten. Sie glaubten, dass die Menschheit ihre Menschlichkeit verloren hatte und kämpften gegen das System, das sie als unterdrückend und entmenschlichend empfanden. Angeführt von einer leidenschaftlichen Frau namens Lena, die selbst einmal in das System integriert gewesen war, versammelten sie sich in einem geheimen Unterschlupf, der tief in den Ruinen einer alten Stadt verborgen war.

„Wir müssen zurück zu den Wurzeln der Menschlichkeit!", rief Lena, während sie die Gruppe anführte. „Wir haben vergessen, was es bedeutet, wirklich zu fühlen, zu lieben, zu leben!"

Die Rebellen planten, die zentrale Datenbank der Regierung zu infiltrieren, die alle Informationen über die Bürger speicherte und jeden Schritt der Menschen überwachte. Ihr Ziel war es, das Bewusstsein der Menschen zu wecken und sie daran zu erinnern, dass sie nicht nur Datenpunkte in einem System waren.

Eines Nachts schlichen sie sich in das Hochhaus, das als Regierungszentrale diente. Die Wände waren aus kaltem, glänzendem Metall, und die Luft roch nach verbrannter Elektronik. Sie mussten sich leise bewegen und ihre Emotionen im Zaum halten, um nicht von den Sicherheitssystemen erfasst zu werden.

Als sie schließlich den Kontrollraum erreichten, waren sie schockiert von dem, was sie sahen. Überall bildeten sich holografische Projektionen, die das Leben der Menschen überwachten, analysierten und manipulierten. Lena trat vor das Hauptterminal und hackte sich in das System.

„Wir sind mehr als nur Algorithmen!", rief sie in die Kamera. „Wir sind Menschen!"

Plötzlich begann das System zu flackern, und die Rebellen sahen sich an, als die Projektionen sich in Bilder von glücklichen Momenten verwandelten: Menschen, die sich umarmen, Kinder, die spielen, Paare, die lachen. Diese Bilder waren die Erinnerungen an eine Welt, die sie verloren hatten.

Die Rebellen fühlten, wie die Emotionen in ihnen aufbrachten, und es war, als ob ein Schalter umgelegt wurde. „Wir können es zurückbringen!", rief Ben, ein Mitglied der Gruppe. „Wir müssen es den anderen zeigen!"

Gerade als sie dachten, sie hätten das System überwunden, ertönte ein lauter Alarm, und die Wände begannen, sich zu schließen. „Wir müssen schnell handeln!", schrie Lena. Gemeinsam arbeiteten sie daran, die wichtigsten Daten zu extrahieren, die die menschliche Erfahrung belegen würden.

In einem letzten verzweifelten Akt gelang es ihnen, das System zu überlasten, und eine Explosion erschütterte die Wände des Hochhauses. Sie entkamen in die Nacht, während die Stadt hinter ihnen im Chaos versank. Die Rebellen wussten, dass der Kampf noch lange nicht vorbei war, aber sie hatten einen Funken der Hoffnung gezündet.

„Es ist Zeit, die Menschen zu erwecken", flüsterte Lena. Und so begannen sie ihre Reise, die Menschheit zurück zu sich selbst zu führen.

59

The Future of Humanity

In the year 2147, technology had permeated human life to such an extent that most interpersonal interactions took place through screens and devices. Humanity lived in a sterile world where emotions were regulated by algorithms, and social contacts were reduced to minimal digital communication. The cities were filled with bright neon lights and oversized screens, constantly displaying advertisements for the latest gadgets and software updates.

Amidst this technified world was a group of rebels calling themselves "The Insurgents." They believed humanity had lost its essence and fought against the system they deemed oppressive and dehumanizing. Led by a passionate woman named Lena, who had once been integrated into the system herself, they gathered in a secret hideout hidden deep within the ruins of an old city.

"We need to return to the roots of humanity!" Lena shouted as she led the group. "We have forgotten what it means to truly feel, to love, to live!"

The rebels planned to infiltrate the central database of the government, which stored all information about citizens and monitored every step of the people. Their goal was to awaken the consciousness of the people and remind them that they were not just data points in a system.

One night, they crept into the skyscraper that served as the government headquarters. The walls were made of cold, shiny metal, and the air smelled of burnt electronics. They had to move silently and keep their emotions in check to avoid detection by security systems.

When they finally reached the control room, they were shocked by what they saw. Holographic projections monitored, analyzed, and manipulated human life everywhere. Lena stepped in front of the main terminal and hacked into the system.

"We are more than algorithms!" she shouted into the camera. "We are human beings!"

Suddenly, the system began to flicker, and the rebels looked at each other as the projections transformed into images of joyful moments: people hugging, children playing, couples laughing. These images represented the memories of a world they had lost.

The rebels felt emotions swell within them, as if a switch had been flipped. "We can bring it back!" shouted Ben, a member of the group. "We need to show it to the others!"

Just as they thought they had overcome the system, a loud alarm sounded, and the walls began to close in. "We need to act fast!" Lena screamed. Together, they worked to extract the vital data that would document the human experience.

In a final desperate act, they managed to overload the system, and an explosion shook the walls of the skyscraper. They escaped into the night as the city behind them descended into chaos. The rebels knew their fight was far from over, but they had ignited a spark of hope.

"It's time to awaken humanity," Lena whispered. And so, they began their journey to lead humanity back to itself.

www.ingramcontent.com/pod-product-compliance
Lightning Source LLC
Chambersburg PA
CBHW061630130726
47996CB00003B/1201